ΛF452075

La Conférence pastorale du Midi, dans sa séance du 23 octobre 1879, à Valence, a émis à l'unanimité le vœu suivant :

« La Conférence, après avoir entendu un remarquable rapport de M. le pasteur Fournier, de Chambéry, sur l'évangéliste, sa fonction, son titre, sa situation dans l'Église, et après en avoir approuvé les conclusions, émet le vœu qu'il plaise au Synode officieux de s'occuper de la pénurie de pasteurs et d'aviser à combler les vides en établissant une charge spéciale, qui n'est pas sans précédent dans l'Église et qui pourrait être désignée sous le nom d'aide pasteur (ou tout autre mieux approprié), en donnant à cette charge tout l'honneur et tous les avantages compatibles avec l'ordre ecclésiastique et le ministère chrétien. »

L'ÉVANGÉLISTE

SA FONCTION, SON TITRE, SA SITUATION

dans l'Église

RAPPORT

présenté à la Conférence pastorale du Midi
réunie à Valence les 22 et 23 octobre 1879
et publié d'après une décision expresse et aux frais
de la Conférence, qui, par un vote unanime
l'a recommandé à l'attention
du Synode général

par

André FOURNIER

PASTEUR DE L'ÉGLISE RÉFORMÉE DE CHAMBÉRY

VALENCE

IMPRIMERIE CHENEVIER ET PESSIEUX

1879

L'ÉVANGÉLISTE

Sa fonction, son titre, sa situation dans l'Église.

——∘∘❀∘∘——

Messieurs et Frères,

Je n'ai pas eu la moindre tentation de changer mon sujet, comme ce spirituel Rapporteur de l'année dernière, qui, chargé de traiter « de l'individualisme », voulut étudier une autre question de son choix et prouver l'individualisme comme le philosophe ancien avait démontré le mouvement en marchant. Le sujet que la conférence pastorale de Ganges a décidé de faire traiter par la conférence de Valence est au contraire un sujet que j'aime. Je l'avais moi-même proposé à la conférence de Montpellier, qui l'engloba dans un sujet plus vaste... où il s'évanouit.

Cette sympathie pour mon sujet est le seul titre que je puisse avoir à le traiter devant vous ou plutôt avec vous, mes chers Collègues, et elle provient de ce que les circonstances m'ont mis en rapport non-seulement avec les évangélistes, mais avec une pépinière d'évangélistes. — Quand des raisons de santé m'ont appelé à quitter pour un temps ma paroisse pour refaire mes forces en un climat plus doux, c'est à Nice que j'ai élu domicile, et parmi les travaux dont j'ai rempli mon congé de dix-huit mois, j'avais accepté la charge de professeur à l'*École d'évangélisation de Nice*, l'école dite de Sainte-Philomène. Étant ainsi devenu, avec MM. les pasteurs Pilatte et Junod, un des trois maîtres (le moins expérimenté il est vrai) appelés à organiser un enseignement nouveau, j'ai eu bien des occasions de réfléchir sur la tâche future et la condition de nos élèves, j'ai soutenu bien des conversations et des discussions à ce sujet. Depuis lors j'ai conservé quelques rapports avec cette école d'évangélistes, la première qui ait été fondée en France.

Ceci n'est point dit, Messieurs, pour vous parler de ma personne, mais pour vous faire entrevoir comment le travail que je vous apporte, si simple soit-il, a été fait dans une sorte de collaboration inconsciente avec d'autres amis du sujet. Si je ne puis citer nominativement ni textuellement mes collaborateurs indirects , il est juste que je les mentionne en bloc.

Mes relations avec l'*École d'évangélisation* de Nice m'ont valu d'ailleurs une collaboration plus directe. J'ai eu l'idée d'intéresser à ce travail les élèves évangélistes qui étaient à Sainte-Philomène l'année dernière. Je leur ai proposé de traiter eux-mêmes une question qui les concerne. Sept d'entre eux y ont consenti et m'ont envoyé leur composition, malheureuse ent trop tard pour me permettre d'en profiter l'hiver dernier, où j'aurais eu plus de loisir pour m'en occuper. — Tous ont rendu cette composition intéressante en manifestant le bon esprit chrétien qui anime l'école, car ils ont envisagé le sujet par son côté le plus sérieux, le plus religieux, le plus spirituel. Plusieurs y ont ajouté des vues ecclésiastiques empreintes en général de largeur et d'élévation. Mais deux surtout ont traité la question, sinon avec une entière justesse ou avec une pleine maturité, du moins avec des vues si réfléchies et des convictions si déterminées qu'ils m'ont paru faire honneur à l'école qui les a produits. Je ne crains pas de dire que deux ou trois de ces compositions m'ont servi sinon à découvrir des horizons étendus et des pensées neuves, du moins à me rendre compte de certains courants d'idées qui sont prises sur le vif et dans la réalité la plus actuelle.

Cela dit, Messieurs, il est plus que temps, penserez-vous, d'introduire le sujet lui-même.

PREMIÈRE PARTIE

Qu'est-ce que l'évangéliste ? — Réglons d'abord ce point ; sans cela nous nous perdrions peut-être dans le vague, d'autant plus que ce nom n'est point clair, bien qu'il puisse le paraître, et il n'y a rien comme les mots élastiques pour embrouiller les questions.

« Votre sujet ne me dit rien, » répondait un collègue distingué parmi nous et que je cherchais à intéresser à ma discussion. Pour qu'il nous dise quelque chose de clair, il faut savoir avant tout de qui nous parlons.

I

Devant cette question un certain nombre d'esprits se tournent vers la Bible et nous disent :

« C'est là qu'il faut regarder pour avoir la réponse. *Évangéliste* est le nom biblique d'une charge d'institution divine aussi bien que le pastorat. Si vous voulez être fidèle à la Parole de Dieu, cherchez ce qu'elle enseigne sur ce sujet ; faites-vous de l'évangéliste l'idée exacte qu'elle donne et réalisez cette idée dans l'organisation ecclésiastique. Vous verrez combien l'Église s'est éloignée de la pratique primitive. L'évangéliste avait alors sa place distincte, importante et honorée, qu'il s'agirait de lui rendre. »

Ainsi nous serions tout d'abord arrêtés par une question de fidélité biblique. Voilà l'inconvénient des noms arbitraires donnés aux choses, surtout quand on emploie le langage des Livres saints. — Il nous serait facile d'écarter d'un seul coup la difficulté en disant : S'il y a un évangéliste d'institution divine, une entité exégétique, une fonction idéale et oubliée dont la Bible donne les caractères, ce n'est pas de cet évangéliste-là que nous parlons ; c'est d'une fonction toute moderne et contemporaine que les circonstances ont créée ou développée de nos jours, que les circonstances imposent et qui n'a de commun que le nom avec l'évangéliste biblique dont on voudrait nous imposer la norme. Il suffirait donc de changer le nom pour supprimer la difficulté.

Cependant, Messieurs, cette fin de non recevoir pourrait paraître une façon légère d'éluder une objection qui est grave, puisqu'elle est ou croit être scripturaire. On pourrait se demander, bon gré mal gré, si réellement il n'y a pas une analogie entre l'évangéliste dont nous avons à nous occuper et l'évangéliste que la Bible mentionne ; on pourrait croire aussi que nous nous affranchissons trop cavalièrement d'une obligation vis-à-vis de la Parole de Dieu. Il vaut mieux éclaircir ces points et ne pas les laisser suspendus comme une épée de Damoclès, d'autant plus qu'il ne faut guère de temps, croyons-nous, pour en couper le fil.

A moins donc que vous ne le jugiez inutile ou fastidieux, nous vous demandons, Messieurs, de nous permettre une très rapide étude exégétique sur ce sujet. On ne pourra plus alors s'abriter derrière des textes pour tirer sur notre thèse ou pour contester son point de vue.

Or donc, le mot « évangéliste » est un terme biblique. — Oui, mais on ne le rencontre que deux fois dans le Nouveau-Testament, et c'est un adjectif encore plus qu'un substantif dans l'un au moins des deux passages où il se trouve.

1° Au passage Actes XXI, 8, nous voyons que Paul loge à Césarée chez Philippe appelé l'évan-

géliste. Mais ce Philippe est aussi appelé « *un des sept diacres* »; il n'est donc pas exclusivement évangéliste ; il n'a pas, en cette dernière qualité, une charge à part. Bien mieux, il a une autre charge conférée solennellement par l'imposition des mains et à laquelle le don ou la fonction d'évangéliste s'ajoute comme un accessoire.

Sans doute, ce Philippe évangéliste et diacre n'est pas l'apôtre Philippe, comme cela est prouvé par le fait que ce sont les apôtres (et par conséquent Philippe avec eux) qui proposent l'institution du diaconat, et par ce fait que ce sont les apôtres aussi (et par conséquent Philippe avec eux) qui imposent les mains aux sept diacres. Il n'est pas à croire que Philippe l'apôtre se confère à lui-même le diaconat et l'imposition des mains. Mais toujours est-il que ce Philippe, personnage distinct de l'apôtre, n'est pas distinct du diacre et que sa qualité d'évangéliste n'implique pas une charge nouvelle.

L'importance de l'évangélisation accomplie par Philippe n'infirme en rien cette conclusion, bien au contraire. C'est parce que Philippe évangélise plus qu'Étienne, par exemple, qui évangélise aussi, qu'on lui applique un surnom particulier, comme à Simon le Zélote. En effet, il a parcouru avec grand succès les villes de Samarie, et aubruit de ses exploits les apôtres (un peu surpris, comme s'ils ignoraient la mission que Philippe s'est donnée) accourent pour que les nouveaux convertis, chose à remarquer, reçoivent d'eux « le Saint-Esprit avec l'imposition des mains » (Actes, VIII, 14-17). Cela n'indiquerait pas des pouvoirs bien étendus conférés à l'évangéliste, si celui-ci avait eu, en cette qualité, une charge distincte.

C'est ce Philippe également qui, sur la parole d'un ange, va « vers le midi », à la rencontre de l'eunuque éthiopien, qu'il convertit ; puis il accomplit toute une tournée d'évangélisation, d'Azot à Césarée. On comprend qu'une activité si zélée et si courageuse lui vaille le surnom d'évangéliste par excellence ; mais cette appellation ne suffit pas pour que nous ayons le droit de conclure à une charge nouvelle.

Remarquons encore que c'est le seul et unique passage où le titre d'évangéliste soit donné à quelqu'un nominativement. Cela, joint aux autres indices que nous avons relevés, nous autorise à penser que la charge particulière d'évangéliste n'existe pas dans la primitive Église ; que c'est simplement une des fonctions du ministre et même du simple chrétien, remplie avec un don plus ou moins marquant, et non pas ce ministère tout spécial que quelques-uns songeraient à rétablir.

2º Il y a, il est vrai, un second passage où l'apôtre Paul (Éphés., IV, 11) parle d'évangéliste et semble, au premier abord, le distinguer des autres ministres de Dieu, tout en le mettant sur le même rang. Jésus-Christ, est-il dit, « a donné les uns comme apôtres, les autres comme prophètes, les autres comme évangélistes (la version de Lausanne traduit « messagers de la bonne nouvelle »), les autres comme pasteurs et docteurs ». A prendre ce passage au pied de la lettre, et avec un peu de bonne volonté, on pourrait en conclure même qu'il y a cinq charges dans l'Église et que celle d'évangéliste, mentionnée immédiatement après la charge éminente d'apôtre et de prophète, a plus d'importance que celle de pasteur et docteur. Mais c'est trop vite fait de voir dans un texte ce qu'on y cherche. Il est plus sûr d'examiner le contexte d'abord et d'interpréter ensuite par analogie avec le reste de l'Écriture.

Or, nous voyons, en remontant aux versets 7 et 2, qu'il s'agit là non d'un enseignement sur l'organisation de l'Église, mais d'une exhortation à maintenir « l'unité de l'esprit dans le lien de la paix », en se gardant de l'orgueil et de l'impatience. Il s'agit non pas des charges ecclésiastiques à déterminer, mais des dons divers inégalement répartis parmi les ministres de Dieu et qu'il

faut savoir utiliser, sans vouloir ni se jalouser
entre ouvriers, ni prétendre à ce qu'on ne peut
pas faire. « La grâce, est-il dit, a été donnée selon
la mesure du *don* de Christ. » Apôtre, prophète,
évangéliste, pasteur et docteur sont par conséquent
envisagés comme des dons et des fonctions à exercer, selon les capacités, au sein d'une même
charge [1], celle de ministre de Dieu. Si nous l'en-
visagions autrement, nous serions amenés à conclure que les charges d'apôtre et de prophète sont
à rétablir dans l'Église, aussi bien que celle
d'évangéliste.

Il est vrai, s'il faut tout dire, que dans I. Co-
rinth., XII, 10, Paul parle de la diversité des
ministères, ainsi que de la diversité des *dons* et de
la diversité des *opérations*. En quoi consistent ces
trois manifestations de la vie ecclésiastique énu-
mérées par l'apôtre ? Nous serions conduits trop
loin s'il nous fallait l'examiner ici. Il nous suffit
de remarquer que, s'il nous fallait entendre par
la diversité des ministères la diversité des charges

---

(1) La distinction entre la charge et la fonction a
quelque importance. On peut remplir une fonction sans
en être chargé spécialement. Une charge, au contraire,
confère un privilège, avec une responsabilité spéciale.

fondamentales de l'Église, les partisans de la
charge d'évangéliste n'en seraient pas plus avancés,
car, dans une énumération assez complète des
dons, des opérations et des ministères, Paul ajoute
de nouvelles dénominations à celles que nous
avons vues précédemment ; mais il omet précisé-
ment celle d'évangéliste. Il parle du don de foi,
de ceux de guérison, de puissance, de discerne-
ment des esprits, de langues diverses, d'interpré-
tation, nullement du don d'évangéliste.

Et si l'on objecte que cette omission provient de
ce qu'il cite des dons plutôt que des charges,
nous répondrons : Dans un autre passage (Rom.,
XII, 3, 9) l'apôtre parle du même sujet dans le
même but d'union. Cette fois, il parle de la pro-
phétie, l'une des soi-disant cinq charges où l'évangéliste aurait pris rang ; mais il en parle comme
d'un don qu'il place au niveau des autres (les
dons d'enseignement, d'exhortation, de distribution, de présidence), et *encore ici il omet l'évangéliste.* Rigoureusement, nous pourrions conclure
que, loin d'en faire une charge à part, saint Paul
n'y voit pas même un don bien spécial à men-
tionner toujours, et qu'il le confond peut-être avec
le simple don d'exhortation.

Mais nous ne pousserons pas jusque-là l'avan-
tage de notre thèse. Nous dirons simplement qu'en

dehors du seul fait biblique où un évangéliste soit nominativement mis en action, le peu que nous avons de renseignements, assez indirects, sur l'organisation de l'Église primitive nous prouve : 1° que l'évangéliste n'y occupe pas une place spéciale, une charge à part ; 2° que la fonction relative au don d'évangéliste est mêlée à d'autres fonctions et même à des charges explicitement reconnues, et qu'en définitive évangéliser, c'est-à-dire apporter la bonne nouvelle, est le caractère général, plus ou moins saillant selon les individus, de tous ceux qui travaillent à l'avancement du règne de Dieu.

Nous pourrions étendre encore nos développements et essayer de traiter, non sans utilité, de l'organisation de l'Église primitive, pour chercher quelques directions au sujet des réformes qui nous préoccupent. Mais, outre que cette question est des plus obscures et dépasserait peut-être nos lumières, elle nous mènerait plus loin que ne le comporte ce travail, qui risque trop déjà d'exercer, Messieurs, votre patience.

Permettez - nous seulement de dire, un peu timidement, qu'il nous paraît n'y avoir eu de constitué dans l'Église primitive, à part l'apostolat, qui fut une charge éminente et transitoire,

2

que la charge d'*ancien*, correspondant à l'organisation de la synagogue.

Les *anciens* n'étaient pas isolés dans chaque église, mais organisés en collèges ou conseils, et chacun exerçait des fonctions différentes du ministère, selon le don ou les dons particuliers qu'il avait reçus.

En outre, nous voyons que la charge de diacre ou aide des apôtres et des anciens est instituée expressément, et l'on peut penser que celle d'évêque ou surveillant fut quelque chose d'analogue, une sous-charge dans le ministère.

Messieurs, nos conclusions pratiques se rapprocheront beaucoup de ce que nous croyons être l'organisation de l'Église primitive, et il est impossible que nous ne reportions pas nos pensées avec vénération vers les usages apostoliques lorsque nous cherchons à établir des règles sages pour l'administration de la société chrétienne. Mais nous complèterons notre pensée en ajoutant qu'à nos yeux des usages, même parfaitement établis, de l'Église primitive en matière de *simple* organisation n'obligeraient pas d'une manière absolue l'Église de tous les temps.

A plus forte raison, en présence d'une lacune évidente dans nos renseignements scripturaires, en présence d'une obscurité qu'on dirait presque systématique, est-il permis de penser que l'Église primitive n'a pas attaché une importance *essentielle* à l'organisation ecclésiastique. N'est-il pas bien plus clair que les apôtres n'en ont pas fait un objet de foi et d'enseignement et que le Seigneur Jésus-Christ, par conséquent, n'a rien prescrit à cet égard qui soit pour nous immuable ?

Ah ! nous nous expliquons parfaitement cette réserve de Jésus et de ses apôtres sur ce point. Les formes ecclésiastiques ne pouvaient être stéréotypées par ce Maître si prévoyant et si sublime dans ses plans divins. Celui qui a établi le règne de l'Esprit en matière religieuse et qui, dans l'impulsion donnée à l'humanité, a tout conçu pour une grande diversité de moyens, selon les temps et les circonstances, celui-là ne pouvait pas nous enfermer dans des cadres ecclésiastiques immuables,

Donc, après avoir consulté, comme nous le devons, l'esprit du Maître et de ses apôtres, nous n'avons qu'à interroger les besoins de notre société contemporaine pour nous efforcer de les satisfaire jusque dans le gouvernement ecclésiastique.

II

Mais, l'objection scripturaire une fois levée, on peut poser autrement la question, la même question ou à peu près. — Mettons de côté, dira-t-on, le point de vue exégétique ; admettons que l'évangéliste n'eut pas une charge spécifique dans la primitive Église ; toujours est-il qu'en vertu même de la liberté que vous réclamez dans l'organisation ecclésiastique, on peut concevoir et désirer une fonction d'évangéliste bien distincte de tout autre ministère ; on peut vouloir reconnaître et honorer cette fonction en un moment et en un pays où elle devient si utile et si importante ; on peut demander qu'elle soit rendue indépendante du pastorat, dans l'intérêt de l'Église et pour la dignité de ses serviteurs.

Encore ici, Messieurs, pour simplifier la question et la résoudre, il suffira de la serrer de près, en nous demandant ce qu'est l'évangéliste, non plus devant l'Écriture, mais devant l'expérience.

Ceux qui présentent la question sous ce nouvel aspect sont guidés par une conception à priori de la charge d'évangéliste. Ils la définissent étymologiquement, et elle consiste pour eux exclusivement à annoncer l'Évangile. Pour eux l'évangéliste est un pionnier, un défricheur en pays païen ou romain. Il n'est pas pasteur, mais quelque chose d'absolument différent dans la vigne du Seigneur. Il n'est pas vigneron, il est laboureur ; il défriche et il plante ; il n'arrose ni ne récolte. Cette mission n'est ni moins importante ni moins belle que le ministère ordinaire, et elle a besoin d'une pleine indépendance. Voilà pourquoi il faudrait donner à l'évangéliste une dignité propre et une charge spéciale, solennellement consacrée.

Avec ceux qui soutiennent cette opinion nous serions d'accord sur le point de départ, qui est de distinguer la fonction, mais non pas sur la conclusion, qui est de créer une charge. Nous voudrions que l'on réservât le nom d'évangéliste à ceux qui simplement annoncent la bonne nouvelle, et qu'on ne confondît avec aucune charge ecclésiastique cette fonction éminemment libre, spontanée, permanente dans l'Église, transitoire la plupart du temps dans l'évangéliste.

Un pionnier qui jamais ne se fixe nulle part, jamais ne récolte le fruit de ses semailles, jamais ne fonde de paroisse ni dans les campagnes ni dans les villes, mais toujours s'adresse à de nouveaux auditoires ou à de nouveaux pays, pour éclairer en avant-garde les masses ténébreuses, ébranler les consciences, faire sentir le besoin de l'Évangile, puis adresser aux paroisses voisines (ou à des pasteurs appelés en sous-œuvre) les âmes qui ont été gagnées à la vérité, ce pionnier remplit certainement une tâche bien différente du pastorat.

Mais nous ne comprenons pas qu'on y trouve occasion d'un ministère spécial, d'une charge ecclésiastique, d'une consécration à part; car la fonction d'évangéliste est tellement multiple, tellement variée, tellement étendue, tellement partagée qu'elle en devient insaisissable. Elle est distribuée à l'infini entre tous les membres sérieux de l'Église qui évangélisent, comme l'a demandé la *Mission intérieure*, en formant ses groupes et en poussant à l'activité religieuse universelle basée sur le sacerdoce universel.

Cette fonction est celle de tous les pasteurs et de tous leurs auxiliaires dans l'œuvre de Dieu; c'est celle de M. Mac All à Paris et de ses élèves ou ses imitateurs en province; c'est aussi celle de tous les disciples de Jésus-Christ qui travaillent à réveiller les esprits et les cœurs pour les faire naître à une vie religieuse que d'autres seront chargés de développer et de nourrir. C'est la fonction non-seulement des prédicateurs et des orateurs de réunions religieuses, mais des colporteurs, des lecteurs de la Bible à domicile, des conférenciers, des bibliothécaires, des écrivains, des journalistes, de tous ceux qui par la parole, par la plume, par les actes (et par la musique même, comme Sankey) annoncent ou font goûter la bonne nouvelle.

L'Église peut encourager cette activité, l'honorer, en profiter, l'organiser même ; elle n'a pas à y reconnaître officiellement une charge spéciale et y attacher une consécration, car il y aurait bientôt autant de consacrés que de chrétiens pieux, ce qui serait une manière d'abolir la consécration en la vulgarisant, et non pas de conférer une dignité ou d'augmenter une force.

Évangéliste, dans ce sens, est un nom qui peut s'appliquer à Jésus même et à ses apôtres. L'évangéliste peut être diacre, comme Philippe et Étienne, il peut être aussi évêque, il peut être pasteur (et tels pasteurs peuvent devenir spécialement évangélistes); mais il *peut être également laïque et rester tel sans inconvénient.*

En tous cas, il doit être libre. Il peut et doit se rattacher personnellement à une église particulière, mais il ne doit pas trop s'en préoccuper dans sa tâche d'évangéliste. Celui qui s'adresse à des brebis sans berger doit se tenir aussi dégagé que possible de toute préoccupation secondaire, pour présenter la vérité dans toute sa simplicité, dans ses éléments primordiaux. Indépendant, en cela, de toute église, obéissant au besoin de son cœur, rattaché tout au plus à un comité, qui le patronne et l'entretient, n'ayant pas en vue une charge régulière à remplir, un troupeau à paître, un établissement à fonder et à diriger personnellement, pourquoi songerait-il à demander à une église autre chose que son intérêt et ses prières ? Pourquoi réclamerait-il une consécration officielle comme pour une charge établie ? Celle du Saint-Esprit ne lui suffit-elle pas ? Il sera toujours assez autorisé auprès de ceux à qui il va dire : « J'ai cru, c'est pourquoi j'ai parlé ; j'étais aveugle et maintenant je vois. Venez au Prince de la vie, à Celui qui a les paroles de la vie éternelle ! »

Bien mieux, par nos temps d'anticléricalisme et d'aversion pour tout ce qui tient officiellement à une église, ne vaut-il pas mieux bien souvent que le « messager de la bonne nouvelle » puisse dire qu'il n'est pas affilié à un clergé ; qu'il n'est pas un missionnaire (nom mal porté parmi nos populations catholiques) ; qu'il est laïque enfin ? Or, cela n'est-il pas difficile à affirmer quand, d'une manière ou d'une autre, il a reçu cette consécration ecclésiastique qui est, Messieurs, notre tonsure à nous ?

Je sais qu'il y a là quelque chose à reprendre au point de vue protestant ; mais c'est du point de vue catholique ou libre-penseur qu'il faut nous préoccuper, puisque c'est à ce point de vue qu'est placée la grande masse des gens auxquels les évangélistes ont affaire.

Évangélistes vrais, légion multiple, qui combattez le meilleur des combats, organes libres et vaillants *d'une des plus hautes missions de l'Église de Jésus-Christ*, pionniers, qui vous avancez en forêts épaisses, défricheurs, qui labourez les terrains vierges, ouvriers de toutes sortes, qui, isolément ou solidairement, sous votre responsabilité ou de la part des Sociétés, vous adressez aux multitudes sans berger pour les former en troupeaux et les pousser vers les pasteurs, gardez votre liberté ; gardez, si vous l'avez encore, votre caractère laïque et pour ainsi dire privé, tant que vous vous bornerez à être évangélistes.

C'est ce qui vous rendra le moins suspects et vous autorisera davantage devant un peuple que l'officielle religion a irrité et qui ne sera gagné, la plupart du temps, que par une religion indépendante et personnelle. Parlez, écrivez, colportez, secourez, guérissez, si possible, au nom du Seigneur qui vous a aimés et que vous aimez.

Qu'avez-vous besoin d'autre chose pour vous

accréditer et pour établir l'influence du pur et simple Évangile ?

Mais la question change d'aspect, Messieurs, si celui qu'on appelle évangéliste est tout bonnement un aide du ministère, un homme qui exerce à peu de chose près les mêmes fonctions que le pasteur, soit qu'il se place en missionnaire aux postes avancés, soit qu'il collabore à l'œuvre des vieilles paroisses, soit qu'il reçoive une charge personnelle, soit qu'il remplisse une charge de suppléance dans les cadres de l'Église. Alors, celui que l'on appelle d'une manière arbitraire et tout à fait impropre évangéliste n'est autre chose qu'un pasteur en sous-ordre, l'aide en second du ministère, dont la situation a été jusqu'à maintenant très indéfinie, trop dérobée et trop incertaine, mais nous paraît pourtant digne, surtout à cette heure, du plus vif intérêt.

C'est de l'évangéliste ainsi entendu, Messieurs, que nous sommes appelés à nous occuper particulièrement. Nul doute possible à ce sujet. Mais nous avons dû circonscrire exactement la question, pour ne pas nous exposer à divaguer en parlant d'une chose pour une autre.

DEUXIÈME PARTIE

Tout le monde connaît, Messieurs, cet ouvrier relativement nouveau dans l'Église, qui y joue depuis une vingtaine d'années un si grand rôle, et qui, depuis la disette de pasteurs, est devenu l'indispensable auxiliaire du pastorat. Il a rencontré jusqu'à maintenant plus de peine que d'honneur et plus de charges que de considération. C'est un rouage mal agencé dans notre organisation ecclésiastique : il s'agirait de mieux l'adapter au mécanisme qui nous fait mouvoir.

A quel titre, dans quel but et par quels moyens voulons-nous l'utiliser ? Voilà, Messieurs, la question réelle, que nous allons serrer de plus près.

I

Car, Messieurs, nous ne pouvons mettre en doute l'utilité et la raison d'être de l'évangéliste. Il nous semble, pour nous, qu'elles sautent aux yeux.

La fonction de celui qu'on appelle évangéliste s'impose aujourd'hui à l'Église. Ce n'est point par un simple hasard ou un fâcheux abus qu'elle s'est introduite dans notre vie ecclésiastique. Les pasteurs manquent, et il faut bien trouver moyen de les remplacer d'une manière ou d'une autre, à moins qu'on ne veuille s'exposer à l'abolition insensible du ministère.

On pourrait désirer un état spirituel qui rendît moins pressant le besoin de cet agent unique, sur lequel on a l'habitude de se reposer pour l'édification, l'enseignement, la cure d'âmes. On pourrait rêver l'intervention plus fréquente de l'élément laïque, ou plutôt (pour ne pas compromettre l'institution du ministère, que l'on tend à ruiner par un laïcisme radical, comme d'autres le compromettraient par un exclusivisme clérical) on pourrait rêver, disons-nous, un élargissement du ministère chrétien. On peut souhaiter qu'il devienne praticable d'instituer, en même temps que les pasteurs et les docteurs, ces collèges ou conseils de presbytres qui ne restaient pas inactifs dans la primitive Église, et qui, à côté de leurs occupations séculières, prenaient charge d'âmes. Mais, en attendant cette réforme, il faut servir l'Église selon ses nécessités et selon ses habitudes actuelles. On ne peut laisser des cadres sans personnel et des charges sans mandataires, sous peine de courir toutes sortes de risques, depuis l'indifférence croupissante ou l'incrédulité incurable jusqu'aux excentricités sectaires les plus lamentables. — Or, les agents réguliers manquent ; les pasteurs en forme, ceux qui ont passé par la filière des études règlementaires font défaut. L'agent qu'on nomme évangéliste peut seul combler les vides.

Il y a plus, Messieurs, nous ne devons pas seulement considérer l'évangéliste comme un pis-aller ou comme un instrument provisoire, dont nous nous débarrasserons dès que nous pourrons, en le supportant d'ici là avec impatience.

Il n'est pas probable d'abord que de longtemps nous puissions nous passer de lui. En France son utilité doit aller croissant. Ce qui a contribué à le rendre indispensable, c'est la dissémination toujours plus grande de nos coreligionnaires, qui, s'écartant des vieux centres protestants, se répandent petit à petit par tout le pays et nous obligent à les suivre, sous peine de les voir fondre et disparaître. Ce mouvement de dilatation ou d'émiettement ne s'arrêtera pas de sitôt. Les facilités toujours croissantes des communications l'accéléreront davantage, il faut s'y attendre. L'évangélisation, le groupement de nos disséminés est une tâche qui s'impose. C'est une question de vie ou de mort pour le protestantisme français.

Nous n'avons d'ailleurs pas à nous en plaindre. La poursuite légitime de nos coreligionnaires partout où ils s'établissent est l'occasion (pour ne pas dire quelquefois le prétexte) d'une évangélisation différente, qui semble aujourd'hui ouvrir un champ si vaste au protestantisme. Le courant d'opinion, qu'il ne faut pas s'exagérer, sans doute, mais qui semble positif sur bien des points de la France en faveur de notre foi, nous aura vite débordés, s'il s'accentue davantage. Les vieilles églises manquant de pasteurs, où en prendre pour les nouveaux postes créés ou à naître ? Comment se passer de ces hommes de bonne volonté, de dévouement et de foi qui se proposeront pour aider et suppléer les pasteurs de plus en plus rares ? Trop heureux serons-nous d'en voir surgir un nombre suffisant et, quand la moisson blanchira, de ne pas être obligés de pousser ce soupir de tristesse : « La moisson est grande, mais il y a peu d'ouvriers. »

En outre, Messieurs, c'est une question à se poser que celle de savoir si, bien avant que la force des choses ait amené l'introduction de l'ouvrier dit évangéliste, l'Église n'a pas eu tort de ne pas élargir un peu plus ses cadres, de ne point utiliser davantage les dons d'ouvriers plus modestes mais non moins précieux que ceux des bacheliers en théologie. La diversité des ministères dont parle saint Paul n'a-t-elle pas été oubliée ? N'a-t-on pas été trop guindés, trop raides, trop cléricaux dans l'organisation du ministère ? C'est à savoir.

En tous cas, aujourd'hui que les moules sont pour ainsi dire brisés de vive force, nous pouvons nous apercevoir de l'utilité des agents que l'on n'employait point ou fort peu autrefois, et, si nous ne nous trompons, l'auxiliaire dit évangéliste sera admis pour toujours, car son usage montre de quelle utilité il peut être.

Ce n'est pas seulement dans les avant-postes de protestants disséminés, ce n'est pas seulement dans les paroisses vacantes que cet auxiliaire est précieux, c'est aussi dans les grands centres protestants, où les paroisses nombreuses sont difficilement soignées comme il conviendrait. Les pasteurs les plus actifs, toujours trop peu nombreux pour la multitude de leurs ouailles, ne suffisent pas à la tâche écrasante que leur imposent nos grandes et même nos petites villes. Si des dissidences malheureuses s'introduisent, si des concurrences fâcheuses réussissent, si l'ignorance et l'incrédulité fleurissent, n'est-ce point, en grande partie, parce que le ministère officiel, même zélé, ne peut tenir pied à tout, et qu'ils ont les mailles trop larges, nos filets de pêcheurs d'hommes ?

Indépendamment de la raison, très légitime pour une église, de soutenir honorablement la concurrence des rivalités, même loyales, n'avons-nous pas la raison plus sérieuse encore de faire aussi bien que possible ce que Dieu nous donne de faire ? N'avons-nous pas à améliorer beaucoup les troupeaux qui nous restent et dont il ne faut pas seulement préserver le nombre, mais la qualité ? Quel est le pasteur de grande ville qui ne souffre pas de son impuissance à visiter ses paroissiens connus et de l'inutilité même de ses tentatives pour les connaître tous ? Dans la seule tâche de l'instruction religieuse, quel regret pour un pasteur qui a 40 ou 50 catéchumènes de ne pouvoir suivre ces élèves spirituels avec l'attention qu'ils demanderaient, et de n'accomplir qu'aux trois quarts cette œuvre d'entraînement et d'impulsion souvent décisive, qui seule motive le catéchuménat par fournées dans nos églises de multitudes ! Or, quel aide précieux en tout cela qu'un lieutenant de pasteur bien qualifié ! Celui qu'on appelle évangéliste n'est donc pas seulement un instrument d'occasion ; c'est un agent d'une utilité constante par rapport aux nécessités mieux entendues du ministère. C'est un diacre indispensable.

II

Mais l'emploi de cet ouvrier de l'Évangile peut-il être plus longtemps abandonné au hasard ? Pouvons-nous, sans de graves inconvénients, le livrer aux fantaisies des pasteurs, des églises, des consistoires même, ou à ses fantaisies propres ? Ne rendons-nous pas son recrutement impossible si nous ne précisons sa charge, si nous n'assurons sa dignité ? Oui, Messieurs, l'intérêt de l'Église comme celui de l'ouvrier est de régler ces points par une loi générale, large si l'on veut, mais uniforme et prévoyante.

Il a été impossible pendant longtemps de songer
à des mesures un peu générales dans notre Église,
car nous n'avions pas d'autorité centrale et nous
tournions au congrégationalisme. Mais cela va ces-
ser, nous l'espérons. Si l'Église réformée n'est pas
soumise tout entière (comme elle le sera un jour,
il faut l'espérer patiemment) à une autorité unique et indiscutable, la partie « évangélique » de
l'Église va faire acte de cohésion dans un synode
officieux. Elle pourra, dans une fédération inof-
fensive (et pour son usage exclusif), introduire
une centralisation modérée, mais décidée, pour
le gouvernement ecclésiastique. Les églises qui
auront envoyé leurs délégués trouveront juste de
se soumettre aux règles générales de cette asso-
ciation libre.

Il nous paraît que parmi les questions que l'on
doit faire régler par le synode général, quand il
fonctionnera régulièrement, doit se ranger en
première ligne tout ce qui a trait au ministère.
La cause des évangélistes devra être appelée à son
tour. Nous disons la cause plutôt que la question,
car il s'agit moins de réfréner les abus auxquels
donne lieu l'emploi d'agents irréguliers, que de
protéger la situation et la carrière des aides pasteurs dignes de ce nom.

Des abus existent certainement. Nous ne sommes pas de ceux qui s'y résigneraient ; mais nous voudrions qu'on n'en fût pas outré au point de prendre en grippe, comme quelques-uns, la fonction dite d'évangéliste et qu'on réservât pour des droits sérieux et pour des questions d'ordre public les revendications qui s'appliquent quelquefois à des questions de forme. L'amour-propre du pasteur est-il un bon remède à l'amour-propre de l'évangéliste ?

Nous avons vu de nos amis agacés d'une façon comique par les petites faiblesses de certains soi-disant évangélistes trop pressés de monter en grade. Ces amis étaient horripilés de voir des hommes sortant à peine de l'atelier ou des champs s'assimiler d'emblée aux ministres attitrés et officiels, en égalisant tout, jusqu'aux apparences. Ils se consolaient avec peine de voir non-seulement arborer à la légère la cravate blanche (collier traditionnel et couleur d'innocence, débris du lin pur et sacerdotal, respectable emblème, qui remplace tout un costume et dont on conçoit l'usage, s'il est exempt de morgue et de superstition), mais encore revêtir la robe et le rabat, usurper l'appareil même du sanctuaire, conquérir comme des décorations ces signes distinctifs, bien que, d'autre part, ils soient traités souvent comme des vieilleries !

Il n'y a rien là, Messieurs, de bien tragique, vous en conviendrez volontiers, et s'il est juste de recommander auxdits évangélistes plus de réserve et de modestie que n'en ont plusieurs, ce n'est pas d'une simple faiblesse que nous voudrions prendre ombrage à l'encontre de leur ministère.

Il est plus grave de voir l'évangéliste arriver à la pleine charge pastorale non-seulement sans études, mais quelquefois sans expérience préalable.

Et comme le plus mauvais côté des abus n'est pas dans le désordre qu'ils introduisent actuellement, mais dans celui plus profond qu'ils préparent à la longue, cet abus de consécration arbitraire, qui de partout est signalé, nuit à l'évangéliste et nuit à l'Église beaucoup plus qu'il n'y paraît tout d'abord.

C'est déjà chose sérieuse de voir le ministère tomber dans le ridicule par la faute d'une consécration irréfléchie. Il est plus grave encore de voir la carrière d'évangéliste compromise à la fois par l'éloignement qu'elle inspire à de braves chrétiens, qui s'y voueraient de cœur s'ils ne la voyaient déconsidérée, et plus encore par l'ambition qu'elle éveille chez des hommes que le zèle de la maison de Dieu dévore moins que le désir de parvenir à tout prix.

Car tel est bien, Messieurs, le double effet de l'espèce d'anarchie qui existe actuellement dans ce mélange trop indistinct de la charge dite d'évangéliste et de la charge pastorale, et dans cette facilité étrange avec laquelle, même dans notre église officielle, on passe de l'une à l'autre. — Nous pourrions vous citer des faits fort curieux, si nous ne craignions de paraître faire allusion à des hommes fort dignes de leur emploi, tandis que nous songerions à d'autres, et s'il ne nous répugnait de risquer d'appeler le ridicule sur une catégorie d'ouvriers du Seigneur qui a toutes nos sympathies. D'autant plus que même dans des promotions trop accélérées ou trop arbitraires (et par cela seul blâmables) nous connaissons des hommes que nous croyons sérieusement aptes à la charge pastorale et auxquels nous donnerions de bon cœur les plus fraternels encouragements.

Mais il suffira d'un trait pour vous donner une idée des rêves malsains que peut engendrer notre désordre actuel. On m'a cité telles bonnes gens qui, ne pouvant être des colporteurs supportables, ni même respectables, ne prenaient pas moins pour point de mire de leur ambition la robe et le rabat sournoisement convoités. C'est qu'ils avaient entendu parler d' « évangélistes » qui avaient passé sans beaucoup de détours de la charrue ou de l'écurie à la chaire. Ils pensaient que de l'atelier, où ils travaillaient péniblement, et de la grande route, où ils portaient la balle, ils n'auraient pas beaucoup plus de marches à gravir pour se cramponner au pupitre. De là à la consécration il n'y a aujourd'hui qu'un pas, et quand on l'a franchi on peut, sans trop se bercer de vains rêves, aspirer à un de ces postes officiels où l'on est installé à titre provisoire, de ce genre de provisoire.... qui dure plus que le définitif.

On comprend aisément que des agents dont un pareil objectif trouble le cœur et l'esprit ne sont pas des ouvriers bien sûrs. Naturellement leur valeur est en sens inverse de leur ambition. De là des anomalies qui déconsidèrent la charge d'« évangéliste ». De là aussi des répugnances fréquentes et presque justifiées de la part de chrétiens sincères et ardents, qui volontiers deviendraient nos auxiliaires, mais qui craignent de ne devenir, en définitive, que des suspects ou des déclassés.

N'avions-nous pas le droit de dire, Messieurs, qu'il est temps de prendre en main la cause de l'évangéliste ? L'intérêt de l'Église et la dignité de ses ouvriers sont d'accord pour exiger qu'on mette fin à des malentendus pénibles et à des abus malheureux.

Nous nous plaisons à croire que c'est une con-

clusion acquise entre nous. Reste à serrer de plus
près encore la question, en l'envisageant au point
de vue immédiatement pratique et en nous demandant ce qu'il convient, en fait, d'innover.

III

Ceci, Messieurs, serait l'œuvre des législateurs
de notre Église ou de la fraction de l'Église qui
reconnaîtra la compétence du synode officieux.

Mais, comme on pourrait croire que, la critique
étant aisée, mais l'art bien plus difficile, nous
nous sommes contenté de voir le côté négatif de
notre sujet, sans réfléchir assez au côté positif,
nous nous permettrons de donner, en toute réserve,
quelques indications pratiques, dont vous voudrez
bien, quelle qu'en soit la valeur, ne pas nous
savoir mauvais gré.

1° En premier lieu, nous voudrions que l'évangéliste, du moins celui dont nous nous occupons
surtout et qui est plus réellement l'auxiliaire du
pasteur, reçût un nom plus exact. Il est désirable
que les noms répondent autant que possible aux
choses ; on s'épargne ainsi ces confusions de mots
et d'idées qui engendrent des mélanges d'attribu-
tions.

Le titre d'évangéliste doit être réservé aux messagers quelconques, consacrés ou non, pasteurs ou laïques, qui annoncent la bonne nouvelle à ceux qui l'ignorent. Appliqué à celui qui aide ou supplée le pasteur, il dit trop peu et dit trop. Ce titre a l'air de dire que l' « évangéliste » évangélise plus qu'il ne fait autre chose et il n'indique pas que l'évangéliste est l'aide du pasteur. En définitive, l'évangéliste (au sens trop ordinaire du mot) fait un peu de tout,.... même de la théologie; il prêche; il enseigne; il préside; il guérit.... s'il est magnétiseur ou homéopathe; il administre; il distribue les aumônes; il enterre; il marie; souvent même il donne les sacrements; il fait donc tout ou à peu près tout ce que fait le pasteur, mais à défaut de celui-ci ou sous sa direction. Ce que son nom devrait indiquer, c'est donc son caractère pastoral et son caractère auxiliaire.

Or, le titre de pasteur auxiliaire exprime une autre nuance du pastorat dans notre Église; celui de diacre (qui est employé pour les suppléants dans l'église de Neufchâtel) est consacré chez nous par l'usage pour désigner les aides des anciens dans la distribution des aumônes. Nous trouvons que si le titre assez exact de vicaire paraît trop catholique, celui d'aide pasteur serait à la fois juste, simple et compréhensif. On dirait *aide pasteur* comme on dit

aide médecin ou aide major. On laisserait le mot
« évangéliste » servir de substantif-adjectif pour
qualifier exactement la fonction de celui dont tout
le rôle consiste à annoncer la bonne nouvelle,
surtout quand il s'applique à une fonction suivie.

2° En second lieu, nous souhaiterions que
l'Église reconnût aussi officiellement qu'elle peut
le faire sans l'État (si l'État refuse) la charge ou
la fonction de vicaire ou d'*aide pasteur*, non comme
un ministère pour ainsi dire interlope, toléré à
grand peine ou accepté par nécessité, mais comme
une fonction utile et désirable en tous temps, et
particulièrement de nos jours.

Il faudrait adopter cette sous-charge comme les
apôtres le firent du diaconat, et ne pas reculer
devant une sorte de consécration, dont la forme
pourrait différer de celle adoptée pour la consécration des pasteurs, quoique l'imposition des
mains fût employée, nous l'avons vu, par les
apôtres, même pour la simple réception des membres de l'Église.

En donnant à l'aide pasteur une place déter-
minée, l'Église l'empêcherait de descendre trop
bas en même temps que de s'élever trop haut,
*tant qu'il n'aurait pas été admis régulièrement à un
autre titre*. S'il n'est pas juste qu'en un tour de

main les uns conquièrent une charge qui coûte à d'autres tant d'années de préparation laborieuse et coûteuse, il n'est pas juste non plus que des auxiliaires sérieux du pastorat soient réduits à une sorte de domesticité ecclésiastique et demeurent comme les frères lais du ministère.

Rien n'empêche d'ailleurs de déterminer les limites qui séparent une charge de l'autre. On pourrait, nous semble-t-il, établir sans trop de peine des règles générales qui préciseraient un peu les rapports des pasteurs avec les aides pasteurs, de façon à éviter soit une ingérence abusive de ceux-ci, soit une domination arbitraire de ceux-là. On pourrait spécifier, par exemple, s'il y a des fonctions exclusivement réservées aux pasteurs ou dans quelles conditions les aides pasteurs pourraient les remplir, plaçant toujours pour arbitres de tous différends les consistoires et les synodes.

3° Mais il nous paraît, Messieurs, que le pastorat lui-même, c'est-à-dire la consécration complète et la charge la plus élevée en responsabilité comme en autorité, ne devrait pas être entièrement fermé à l'aide pasteur. Il suffirait, pour stimuler judicieusement ce qu'il y a d'acceptable dans son ambition et pour récompenser avec justice les services qu'il aurait rendus, de lui imposer un long stage et des témoignages sérieux de sa valeur.

Il est certain, Messieurs, qu'un aide pasteur qui se serait consacré pendant 10, 15 ou 20 ans à une église, en y faisant estimer son ministère, pourrait, sans usurpation comme sans inconvénient, être considéré comme pasteur effectif. Il le pourrait autant et plus qu'un jeune homme qui sort de la faculté et n'a pour tout bagage qu'une piété sans expérience et un grade théologique dont, entre nous, il n'y a pas à exagérer la valeur [1]. Et si l'aide pasteur, au lieu d'être illettré et imperfectible, est un homme déjà un peu cultivé quand il est admis, nul doute que pendant son stage et en vue même de sa promotion il ne se développe de manière à pouvoir assumer sans peine une responsabilité plus considérable ou porter un titre plus élevé.

4° Car, Messieurs, il va sans dire que plus vous

---

(1) Un stage de courte durée devrait même, à notre avis, soit dit en passant, être imposé aux candidats au saint ministère, qui demeureraient un an, au moins, à la disposition des synodes, pour être envoyés dans les paroisses trop longtemps vacantes.

donnerez d'importance et de privilèges au vicaire ou aide pasteur, plus vous aurez droit d'être exigeants dans son admission, et vous accélèrerez le recrutement plutôt que de le ralentir. A mesure que la charge sera prise au sérieux par l'Église, les conditions restrictives décourageront les vocations illusoires et les incapacités, mais elles encourageront les vocations fortes et les aptitudes véritables.

On devrait exiger un minimum d'instruction que plusieurs aujourd'hui sont loin de posséder. On pourrait demander, par exemple, dans les cas ordinaires le brevet de capacité des instituteurs, et c'est parmi ceux-ci principalement qu'on aurait à chercher ou à éveiller des vocations pour le ministère.

Cependant, comme il peut se manifester des dons et des aptitudes remarquables chez des hommes déjà trop âgés pour recommencer les études, il faudrait admettre des exceptions à cette règle. Mais ces exceptions ne seraient point laissées à l'arbitraire des pasteurs, pas même à la décision des consistoires. Les synodes provinciaux seuls pourraient prononcer sur les cas extraordinaires d'admission sans brevet.

Ceci, Messieurs, est conforme aux traditions de notre Église réformée, qui n'a pas toujours été aussi raide qu'elle en a l'air et qui, au temps surtout où les certificats d'études et les consécrations de pasteurs étaient si souvent des « brevets de potence », comme on disait, faisait fléchir les règles absolues, que la lettre tue quelquefois, mais que l'esprit vivifie. Ainsi, nous voyons le martyr Desubas recevoir d'un synode provincial, en avril 1740, « *le pouvoir de prêcher la Parole de Dieu et d'exercer la discipline, mais sans toucher aux sacrements jusqu'à* PLUS AMPLE *vocation*, » parce qu'il n'avait pas fait d'études suffisantes. La dispense était aussi bienveillante que restrictive. Mais c'était un synode qui la prenait sur lui, et non pas une église ou un colloque.

5° Si nous demandons qu'on en réfère aux autorités ecclésiastiques supérieures pour une dispense de brevet élémentaire, à plus forte raison devons-nous insister pour que la consécration pastorale ne soit pas conférée arbitrairement. Il y a là, Messieurs, on l'a assez dit, un danger sérieux pour notre Église. Les complaisances trop faibles ou les nécessités locales ouvrent toute large une porte qui n'est déjà pas très bien fermée, sans que des dons exceptionnels et un visible appel d'En Haut justifient, comme il peut se faire, la violation des sages règles qui datent de loin, puisque Paul disait à Timothée : « N'impose les mains à personne avec précipitation. » Là plus qu'ailleurs il faut que nos synodes se prononcent avec fermeté et fassent sentir leur légitime pouvoir.

Ce n'est qu'à ce prix que nous pourrons sans aucun risque élargir nos cadres, concilier la prudence avec une hardiesse tout évangélique et annoncer sans danger aux plus humbles serviteurs de l'Église qu'ils pourront arriver au plus haut rang parmi nous, comme chaque soldat dans les armées démocratiques est censé porter dans sa giberne le bâton de maréchal.

6° Pour que cet encouragement fût complet, d'autres avantages pourraient être encore faits à l'aide pasteur. Il nous semble, par exemple, que sa participation à la caisse de retraite pastorale ne rencontrerait pas des difficultés insurmontables, l'État n'étant guère (sauf pour des suppléments qu'on pourrait peut-être obtenir) qu'un intermédiaire bienveillant entre les sociétaires.

En tous cas, une Société comme celle de Bordeaux pourrait écouter notre requête en faveur des aides pasteurs, car elle ne dépend guère que d'elle-même et elle n'aurait qu'à appliquer ses règlements dans un sens un peu large, toujours selon l'esprit, sinon selon la lettre.

Et la *Société pour l'encouragement au saint minis-tère ?* Elle va prendre, nous devons l'espérer, un essor considérable quand elle se fondra dans le synode général, et nous ne voyons pas pourquoi la Caisse centrale, qui doit être un des privilèges du synode et une garantie de la sanction de ses droits, ne servirait pas, dans une mesure à dé-terminer, à l'encouragement des aides pasteurs comme à celui des pasteurs eux-mêmes.

Alors la charge d'aide pasteur deviendrait une institution régulière, dûment reconnue, conve-nablement honorée et avantagée. Au lieu d'un franc-tireur, plus ou moins mobile et volage et aussi plus ou moins discipliné, l'aide pasteur deviendrait un soldat de l'armée régulière, avec tous les droits et avantages d'un ministre de l'Évangile. Ce serait alors une carrière plus ten-tante pour les gens posés et moins attrayante pour les ouvriers d'aventure, pour les individualités sans mandat, comme disait un ancien ministre.

7° Le couronnement désirable (mais non essen-tiel peut-être) de tout ce qui précède serait que l'État voulût bien, comme l'Église, reconnaître dans l'aide pasteur un office régulier et l'admettre aux postes officiels *quand l'Église le requerrait.* L'Église romaine a bien ses vicaires, que l'on salarie, et les évêques possèdent des pouvoirs autrement étendus que les nôtres pour créer en fabrique non - seulement des instituteurs à lettres d'obédience, mais des abbés diplômés à l'amiable.

Il y a des choses inattendues qui arrivent : il n'est pas dit que le fonctionnement de nos synodes pacifiques soit, comme on l'a cru, pour le Gouvernement un sujet de colère et de rancune ; car nous prenons le seul chemin peut-être qui puisse lui enlever une belle épine du pied, en rendant la paix à nos églises sans sacrifier nos principes. — Le « libéralisme » lui-même, dont nous pourrions craindre les protestations et l'influence hostile, se désintéressera davantage de la question, s'il nous voit renoncer à d'inutiles luttes et poursuivre sans plus d'agressions la constitution libre d'une fédération évangélique.

Notre naïveté va peut-être loin ; mais qui sait ce qui peut résulter de bien d'un gouvernement ecclésiastique doué de calme et de modération en même temps que de force ? — Est-il ridicule d'espérer que l'État daignerait, à la longue, entrer en pourparlers avec nous et, tout en posant des conditions qu'il nous permettrait de discuter, voudrait bien accepter les aides pasteurs, que les consistoires seraient autorisés à recommander ? Eh ! Messieurs, l'État salarie aujourd'hui et nomme à titre provisoire des « évangélistes » qui n'ont d'autre estampille que le certificat des sept premiers pasteurs venus attestant la consécration. Pourquoi refuserait-il absolument des hommes pour lesquels nous fournirions de bien autres garanties ? Nous avons l'espérance que l'État pourrait aller jusqu'à se prêter à conférer à nos aides pasteurs, dûment examinés par la faculté de théologie, sinon l'équivalence du baccalauréat théologique, du moins des certificats réguliers d'études, comme on le fait dans les facultés de droit pour ce que l'on appelle les *capacitaires*.

8° Enfin, Messieurs, il resterait à l'Église une tâche qui découle de tout ce qui précède : c'est celle de se préoccuper davantage de la préparation des aides pasteurs et de fonder au moins une école, où elle dirigerait à sa guise l'éducation de ces ouvriers.

Jusqu'à maintenant la seule tentative qui ait été faite en France pour satisfaire à ce besoin a été plus encourageante en elle-même qu'encouragée du dehors. L'*École d'évangélisation de Nice* a été à la fois hautement louée et parfaitement abandonnée à ses propres forces, c'est-à-dire à la générosité de ses fondateurs. — Il y a peut-être à cela des causes particulières, que nous ne pouvons nous arrêter à examiner, telles que l'éloignement de la résidence choisie (raison peu grave), une suspicion mal justifiée à l'endroit des principes ecclésiastiques (plus larges qu'on ne l'a supposé) ou encore une méfiance excessive à l'égard des résultats de demi-études facilitées à des demi-lettrés, etc., etc.

Nous croyons pouvoir dire cependant que l'expérience faite à Sainte-Philomène est jusqu'à maintenant propre à encourager la persévérance. Sans faire de cette école un modèle exclusif à imiter absolument, ce à quoi ne prétendent pas ses plus chauds amis, on peut bien la donner pour un exemple à suivre. Elle aurait toujours assez fait pour les Églises si elle donnait seulement à la nôtre la pensée de tenter pour son compte un effort analogue.

Où et comment notre Église pourrait-elle le faire ? — A côté même de la faculté de théologie, nous semble-t-il. — Là moins qu'ailleurs les chrétiens qui se sentiraient appelés au service de l'Église, sans pouvoir passer par la filière des études complètes, courraient le risque de demeurer étrangers aux idées, aux besoins, aux usages de l'Église où ils veulent s'enrôler. Là certainement ces apprentis-vicaires se rendraient compte de ce qui peut leur manquer pour avoir droit d'ambitionner d'emblée les honneurs et la charge du pastorat en titre. Là les étudiants en théologie comme les professeurs trouveraient une tâche à entreprendre, et le soin consacré aux aïdes-pasteurs pourrait inculquer à l'enseignement donné comme à la science reçue un esprit pratique et laïque dont ils manquent bien quelquefois.

A la longue, il en sortirait de ces manuels soignés qui seraient si utiles à nombre de chrétiens et dont les résumés substantiels sur les connaissances générales de la religion les affranchiraient des longueurs et des subtilités qui amoncèlent quelquefois les nuages autour de la science des choses de Dieu.

Il ne nous appartient pas plus de tracer le programme de l'enseignement à donner à l'aide pasteur que de caractériser sa théologie pratique, qui est si spéciale. Mais il y aurait là un champ d'études, que nous avons entrevu et qui appellerait l'effort des hommes compétents.

Bornons-nous maintenant à résumer la deuxième partie de notre thèse :

L'évangéliste, au sens ordinaire mais arbitraire de ce mot, est indispensable maintenant et pour longtemps. — Il n'est pas bon d'en abandonner l'emploi aux fantaisies des pasteurs ni des consistoires, car l'Église y perd autant que l'ouvrier. —

Comme mesures pratiques, on peut songer à adopter les suivantes :

1° Donner à l'évangéliste le nom plus clair et plus juste d'*aide pasteur* ou de vicaire.

2° Faire reconnaître et honorer sa charge par l'Église en une consécration spéciale.

3° Laisser la porte ouverte à une consécration complète et au pastorat, à des conditions sérieuses.

4° Exiger le brevet, sauf décision expresse d'un synode.

5° Interdire la consécration pastorale, sauf exception admise par le synode.

6° Faire participer les vicaires à tous les avantages particuliers que les Sociétés procurent aux pasteurs.

7° Faire agréer l'aide pasteur ou vicaire par le Gouvernement.

8° Fonder une école pour la préparation des aides pasteurs.

Si tout cela était conforme à vos vues, Messieurs, nous pourrions en faire l'objet d'un vœu à présenter au synode, et il ne nous resterait qu'à demander à Dieu de bénir les efforts de nos autorités compétentes en faveur de « l'évangéliste », disons désormais du vicaire ou aide pasteur.

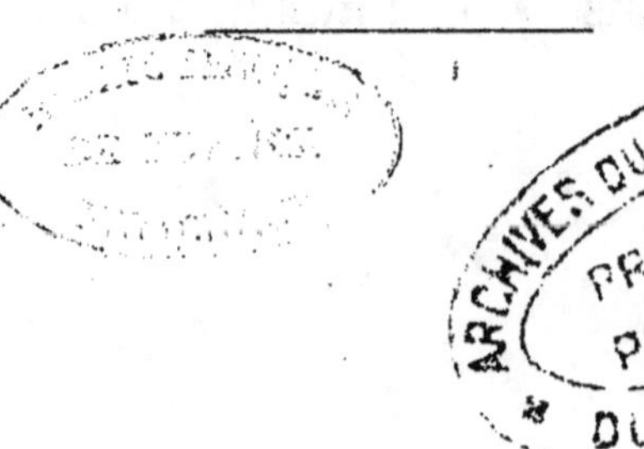